AF359929

GASTON SCHEFER

LA
JEUNESSE D'UN ORIENTALISTE

CHARLES SCHEFER

1840-1856

PARIS
LIBRAIRIE HENRI LECLERC
219, RUE SAINT-HONORÉ, 219
et 16, rue d'Alger

1913

LA

JEUNESSE D'UN ORIENTALISTE

CHARLES SCHEFER

1840-1856

GASTON SCHEFER

LA
JEUNESSE D'UN ORIENTALISTE

CHARLES SCHEFER

1840-1856

PARIS

LIBRAIRIE HENRI LECLERC

219, RUE SAINT-HONORÉ, 219

et 16, rue d'Alger

1913

LA JEUNESSE D'UN ORIENTALISTE

1840-1856.

Charles Schefer, membre de l'Académie des Inscriptions et Belles-Lettres, Administrateur de l'École
des Langues orientales, commença sa carrière de savant et de diplomate en Orient, à Candie, Beyrouth,
Jérusalem, Smyrne et Constantinople.

De l'Orient, il connaissait non seulement toutes les
langues qu'il parlait avec une étonnante facilité, mais
la vie morale qu'il avait pénétrée pour avoir eu part,
souvent, à ces secrètes confidences que l'Oriental réserve devant l'étranger comme devant un ennemi et
qui sont faites à la fois de sagesse, de puérilité et de
rêves grandioses et insensés.

Ses fonctions de drogman à l'Ambassade de France,
pendant la guerre de Crimée, lui permirent d'y jouer
un rôle important dont la récompense fut le grade de
premier secrétaire interprète de l'Empereur, qui le
rappela à Paris et l'y fixa.

Ses services ne s'arrêtèrent pas là. On lui confia la
partie diplomatique de l'expédition de Syrie où il ren-
contra le lieutenant-colonel Chanzy qui devait être, dix

ans plus tard un des plus grands généraux de la Défense Nationale. Peu de temps après, il était envoyé sur les côtes de la mer Rouge pour y acheter, au nom de la France, le territoire d'Obock qui fondait une de nos colonies africaines et formait alors notre première étape vers les mers de Chine.

Cette existence, si remplie et si variée, lui montra bien des spectacles, comme choses et comme gens.

Il pénétra les causes de bien des décisions ; il aperçut l'envers des événements les plus graves. C'était là matière à des Mémoires du plus rare intérêt. Mais il appartenait à cette école de diplomates pour laquelle la discrétion est affaire de probité professionnelle. Les négociateurs d'autrefois vivaient dans un secret qui ne cachait pas toujours un néant, et ils n'écrivaient pas.

Nous aurions voulu mettre en lumière ses talents diplomatiques, en exposant quelques-unes des affaires qu'il eut à traiter, soit dans un poste consulaire, soit à l'ambassade de Constantinople. Mais toutes les questions qu'un drogman est appelé à conduire, sont transmises aux Affaires étrangères sous la signature du Consul ou de l'Ambassadeur ; et la part, souvent capitale, qui lui revient dans le succès d'une négociation, est une part anonyme.

Quant à l'étude de ses travaux d'érudition, il appartiendra à un orientaliste seul, de l'écrire avec compétence.

Il nous est permis, cependant, d'extraire de la correspondance qu'il entretint avec sa famille et ses amis de 1840 à 1856, un grand nombre de détails qui peuvent former une sorte de tableau de l'Orient de 1840.

Cet Orient n'existe plus. Il ressemblait encore à celui qu'ont décrit les voyageurs du xvii⁰ et du xviii⁰ siècle. Aujourd'hui, il n'a plus pour nous que la séduction des choses mortes. Ceux qui l'ont entrevu ne peuvent s'empêcher de penser qu'il eut ses vertus et ses grandeurs.

I

Charles Schefer naquit à Paris, rue Vivienne, le 16 novembre 1820. Il était le premier fils de Chrétien Schefer, caissier du Trésor de la Couronne.

Son père était entré dans l'Administration en 1806, en qualité de commis-interprète à la Recette générale de la Grande-Armée. Il avait été nommé à ces fonctions par le baron de la Bouillerie, trésorier général de l'administration des biens personnels des souverains qui s'appela, sous l'Empire : Domaine extraordinaire ; sous les Bourbons : Trésor de la Couronne et Liste civile sous Louis-Philippe. Après la bataille de Wagram dont il avait été témoin et dont il avait partagé toutes les angoisses, il avait été rappelé à Paris pour être attaché à la comptabilité du Trésor général du Domaine extraordinaire.

Cet emploi était paisible, d'apparence. Mais le malheur des temps l'exposait à des aventures et même à des dangers. Ainsi, en 1814, le 29 mars, alors que les avant-postes des alliés entouraient Paris, M. de la Bouillerie donnait à Chrétien Schefer, l'ordre de transporter à Blois et de remettre à l'impératrice Marie-Louise et au roi Joseph, une somme de deux millions en or. Cette somme était chargée sur des fourgons abandonnés place du Carrousel : aucune autre instruction, d'ailleurs, aucun moyen d'exécution. Le lendemain, se livrait la bataille du 30 mars qui ouvrait Paris à l'ennemi et toutes les autorités quittaient la capitale. Dans ce désarroi terrible de la défaite, Chrétien Schefer s'adressa au général Dériot, chef d'état-major général de la Garde impériale et lui demanda des hommes et des chevaux pour transporter le convoi à Blois. Le général lui répondit que l'entreprise était impossible ; l'ennemi s'était déjà emparé de toutes les barrières ; cependant, il restait une chance de succès, celle de sortir de Paris, la nuit, par la barrière du Maine et de gagner Versailles par des chemins détournés ; enfin il refusait de délivrer un passeport, pour ne pas assumer de responsabilité, au cas, presque certain, où le convoi serait pris. Tant de difficultés n'arrêtèrent pas un instant le jeune comptable. Le soir même, à huit heures, il partait avec ses fourgons, escortés par un détachement de chasseurs à cheval démontés. Les avant-postes cosaques cernaient Paris ; leurs feux de bivouac piquaient la nuit de tous côtés. On les traversa sans être vu, pensait-on, et l'on arriva à Versailles à minuit. Mais à peine arrivé, il fallut repartir. Les cosaques avaient été avertis et commençaient la poursuite. Le convoi, avec ses chevaux exténués, gagna Rambouillet puis Maintenon qu'on atteignit dans la nuit. Là encore, pas de repos. L'ennemi approchait et l'on se traîna jusqu'à Chartres. Chr. Schefer se présenta au général commandant le département et lui demanda un conseil et un secours. A ce moment même, il vit entrer le général Dériot qui avait quitté Paris en même temps que lui et qui témoigna sa surprise de le trouver sain et sauf. Comme conseil, il lui donna celui de partir au plus vite : l'ennemi arrivait et allait attaquer d'un moment à l'autre. Les fourgons continuèrent leur route et arrivèrent enfin à Blois où personne ne les attendait plus : on les croyait pris.

Chrétien Schefer ne reçut pas le moindre compliment pour l'heureux succès de sa mission. Les millions sauvés furent versés entre les mains du Trésorier général du département, qui les dirigea sur Orléans, d'où ils furent ramenés à Paris, par ordre du Gouvernement provisoire. Lui-même revint à son poste après l'abdication de l'Empereur et reprit ses fonctions, sans savoir exactement s'il les garderait.

Les années de transition entre l'Empire et la Restauration, furent cruelles d'incertitude pour les fonctionnaires. Il n'étaient pas bien fixés sur le régime qu'ils servaient. Plus d'un, en se rendant le matin à son bureau, ignorait s'il n'était pas révoqué ou remplacé. Et cette crainte était fondée sur l'hécatombe d'employés de tous grades, que la Restauration jetait sur le pavé, sans retraite, sans indemnité et condamnait ainsi à la pire des détresses. Tous acceptaient cette anxiété quotidienne avec la bonne humeur de soldats en campagne. Leur éducation administrative les y avait préparés. Depuis 1789, personne, en France, n'avait été sûr de sa place ou de sa vie. La conscription, le hasard des campagnes, les exigences d'une formidable organisation qui couvrait les trois quarts de l'Europe, avaient placé l'Administration sur le pied de guerre, mais y avaient créé, en même temps, un esprit de discipline et d'abnégation qui ressemblait à l'esprit militaire.

Chrétien Schefer, qui avait vu l'invasion de 1815, qui revit celle de 1870, conserva, jusqu'à la fin de sa vie, cette énergie tranquille qui le soutint dans les plus dures épreuves. Ce n'était pas seulement un honnête homme, c'était un homme de caractère et il remarquait que, pour lui-même, même aux époques les plus troublées, cette fermeté ne lui avait jamais fait tort. Quand il se maria en 1820, il prit pour témoins deux lieutenants-colonels en demi-solde — et un ancien receveur particulier de l'Empire. De pareils choix n'étaient pas sans courage : et ils ne coûtèrent rien à sa carrière.

Son fils aîné, Charles Schefer, fit ses études au Collège Royal de Louis-le-Grand, dirigé, alors, par un homme qui a laissé un nom dans l'Université : Pierrot Descilligny. Ses notes attestent son intelligence, sa facilité et sa prédilection pour l'histoire. Elles lui reprochent, uniquement, de s'occuper d'études personnelles, de sujets étrangers aux cours : ces études étaient les langues orientales dont il avait déjà la passion.

C'était une véritable vocation. Comment expliquer autrement cette fascination de l'Orient, cette extraordinaire facilité pour en comprendre l'esprit et en parler toutes les langues? Rien, ni dans sa famille, ni parmi ses amis, ni dans les idées qui l'entouraient, n'avait pu l'y préparer. Chez son père, on ne trouvait que des relations de service avec la famille royale et le personnel de la Cour, et des relations d'amitié avec un monde de noblesse fière et peu fortunée, tout entier concentré dans les regrets du passé et dans son oisiveté. Malgré tout, l'Orient l'attira de si bonne heure, qu'à dix-neuf ans, en sortant de l'École des Jeunes de Langues, sans avoir encore mis le pied hors de Paris, il savait déjà le persan, et il le parlait assez bien pour que M. Jouannin, premier secrétaire-interprète du Roi, le proposât au maréchal Soult, alors ministre, comme drogman de la mission que l'on envoyait à Téhéran. Sa trop grande jeunesse fut le seul obstacle à son départ.

C'était en juillet 1839, M. Jouannin, qui s'était institué son protecteur, lui donna bientôt une nouvelle preuve d'intérêt et celle-là décida de sa carrière.

A cette époque, la question d'Orient, qui n'est, en réalité, qu'une question européenne, passionnait tous

les esprits en France : les politiques, par la difficulté de
l'imbroglio et le public, par le romantisme fiévreux
qui exaltait toutes les classes de la société. L'Orient
soulevait tous les enthousiasmes par son pittoresque, par
ses mœurs alors peu connues, par tout ce que les
peintres en avaient rapporté, par tout ce que les poètes
en avaient dit, sans l'avoir vu. Ce fut alors un exode
non seulement d'artistes, mais d'ingénieurs, d'officiers,
de savants vers un pays qui apparaissait comme un
Eden retrouvé où tout était nouveau parce que tout
était ancien.

Méhémet-Ali, vice-roi d'Égypte, sut tourner cet enthousiasme à son profit. En même temps qu'il accueil-
lait en Egypte le colonel Selves, le D' Clot, Linant,
Mougel, et leur confiait les postes les plus importants
de son gouvernement, il envoyait à Paris une mission
Égyptienne permanente, pour initier de jeunes orientaux aux idées européennes.

L'île de Crète appartenait alors à la vice-royauté
d'Égypte. Méhemet-Ali en avait confié l'Administration à Moustapha Pacha Kritli qu'il considérait comme
un fils et dont ses libéralités, comme sa protection,
avaient fait un des personnages les plus riches et les
plus influents de l'Orient.

Moustapha Pacha avait trois enfants auxquels il
voulait, à l'exemple de son maître, donner une éducation française. Il fit connaître ses intentions à notre
consul en Crète, M. Charpentier. Celui-ci écrivit à
M. Jouannin pour lui demander si quelque Jeune de
Langues ne trouverait pas, dans le poste de Gouverneur des fils du Pacha, l'occasion de se perfectionner
dans la connaissance des langues orientales et, en même
temps, de rallier de nouveaux adhérents aux idées fran-
çaises.

L'île de Candie, où se donnaient rendez-vous tous les idiomes en usage dans le bassin de la Méditerranée, était un lieu d'élection pour une pareille étude. M. Jouannin en parla à Ch. Schefer qui saisit cette occasion inespérée de vivre, au moins pendant un temps, dans l'intimité de l'Orient. Il partit donc au mois d'avril 1840, muni de toutes les recommandations ministé-rielles, en compagnie de M. Darasse, fils du banquier des Affaires étrangères et de M. Vasseur.

A cette époque, on n'allait pas directement de Mar-seille en Crète : il fallait passer par Athènes et Syra. Partout, des quarantaines sévères mettaient de longues semaines d'intervalle entre le départ et l'arrivée. Il dut rester une semaine à Athènes pour attendre le bateau de la poste qui devait le débarquer à la Canée.

Le souvenir qu'il emporta de la ville merveilleuse, est celui de bien des voyageurs du temps, qui n'ont pas osé le formuler avec cette franchise. L'Athènes de 1840, n'était pas la capitale renaissante d'aujourd'hui, c'était une petite ville de province turque où les malheureux voyageurs étaient exploités sans pitié dans des hôtels dont le plus respectable était une véritable Auberge des Adrets. Il y passa cette semaine occupé à visiter les monuments antiques épargnés par le bombardement. L'Acropole était encore pleine de bombes, de boulets et de squelettes qu'on ne s'était même pas donné la peine de recouvrir d'un peu de terre. Le soir, il allait au théâtre, un théâtre grec et italien où les rôles de jeunes premières, dans les pièces grecques, étaient remplis par des gaillards de six pieds de haut, dont le rasoir ne pouvait complètement dissimuler la barbe noire. Il put admirer aussi Agamemnon et Oreste, se promenant dans des palais gothiques du xve siècle. Ne rions pas trop de ces étrangetés. Les spectateurs survivants de nos drames romantiques, pourraient invoquer de pareils souvenirs.

Enfin il s'embarqua au Pirée, et, après avoir touché à Syra, arriva en Crète, à la Canée.

« Ce n'est pas sans peine, écrit-il à son père, que nous voici arrivés. Les épisodes n'ont pas manqué à notre voyage et jamais, je crois, on n'aura mis plus de temps pour parvenir jusqu'en Crète. De Syra à la Canée, nous avons mis neuf longs et mortels jours dans un immobile sabot qui est employé par la poste. Nous sommes arrivés à la quarantaine à peu près morts de faim ; depuis cinq jours, nous nous nourrissions de pain d'orge de six mois. au moins, et d'une sardine salée à nous emporter la bouche. M. B. qui se nourrissait de pain cuit tous les deux mois et qui le trouvait fort bon, aurait certainement refusé celui-là : dureté, amertume, rien ne lui manquait pour en faire la chose la plus détestable du monde et, cependant, nous le trouvions excellent ou à peu près.

« Le capitaine, qui est un ivrogne, est distingué des quatre malheureux qui composent son équipage par une paire de bottes qu'il met dans les circonstances officielles. Il voulut me jouer un mauvais tour parce que je ne lui ai pas donné de bakchich. Il a accepté la paire de souliers que j'emportai de Paris et il m'a fait entendre finement qu'il désirerait bien un pantalon ; mais s'il a l'audace de se présenter, je ne le paierai qu'en paroles telles quelles..... »

La quarantaine où il était installé, était une baraque de bois et de plâtre, pleine de mouches, de fourmis et de scorpions. Tout autour, de magnifiques canons vénitiens, datant de l'occupation de la Canée, posés encore sur leurs affûts de bois pourri, et destinés à s'écrouler au premier coup. C'était « à la turque », comme on disait alors.

Le consul, M. Charpentier, vint le voir, précédé et suivi de deux janissaires. L'un, à barbe blanche et d'aspect vénérable, portait une canne à pomme d'argent d'une hauteur immense ; l'autre, à figure noire et rébarbative, présentait une ceinture garnie de tout un arsenal de couteaux et de pistolets.

Quelques instants après, un officier du Pacha venait complimenter le nouvel arrivé et lui donnait occasion de faire ses premières armes en Turc. Le lendemain, son Kiatib ou secrétaire, venait lui demander ce dont il avait besoin. Cette fois la conversation fut plus difficile. Le Kiatib était un homme fort instruit, parlant en style relevé, c'est-à-dire employant beaucoup de mots persans et arabes. Le jeune orientaliste se tira encore à son honneur de cette première passe.

Mais ce n'était là que le commencement des cérémonies. Après avoir fait visite au Pacha, dans sa maison de campagne, il montait en caïque et se rendait, par mer, à Candie où l'attendaient les beys, fils du Pacha, ses futurs élèves. Il fit le voyage en une nuit, en compagnie du Dr Caporal. Ce médecin, issu d'une vieille famille consulaire, fixé en Orient depuis de longues années, avait commencé l'éducation de ces jeunes gens. Il allait à Candie pour donner ses soins à la femme de l'aîné d'entre eux, Vély-Bey, qui, à peine âgé de seize ans, était déjà père d'une fille de six mois.

La ville de Candie, où Ch. Schefer devait demeurer pendant près d'un an, avait été, jadis, admirablement fortifiée. Mais, à l'intérieur des remparts, les maisons de la ville s'étaient, peu à peu, entourées de jardins remplis d'orangers, de citronniers, de grenadiers, de palmiers, et les murs qui avaient, autrefois, arrêté l'armée turque pendant vingt-sept ans, tombaient en ruines.

Les Orientaux ne relèvent jamais ce qui s'écroule. Un créneau était intact et protégeait encore un canon vénitien ; l'autre était vide et démantelé. On voyait des rues et des maisons encore pleines de bombes et de boulets comme au lendemain de l'assaut. Les portes, dont les serrures avaient été arrachées, étaient calées tant bien que mal, par des projectiles. Quant aux remparts, ils étaient semés de tombeaux de Janissaires et de Pachas que la population révérait comme des martyrs. Tous les soirs, on les illuminait et ceux qui se sentaient atteints de la fièvre ou de toute autre maladie, s'y rendaient en pèlerinage, arrachaient une partie de leur vêtement et l'attachaient au tombeau pour y enchaîner ainsi le mal qui les rongeait.

Le Palais où logeait la famille du Pacha, était une maison ancienne qui n'eût pas résisté au premier tremblement de terre, mais la chambre du jeune Français était la plus fraîche et la plus belle aussi, avec ses murs blanchis à la chaux, selon l'usage, et un plafond peint en vert et en rouge.

L'installation matérielle se compléta par un usage bien connu de ceux qui ont vécu en Orient. Le Sultan donne aux Ambassadeurs accrédités près de lui, des chevaux, des armes, des pelisses. Le Gouverneur de la Crète envoie à Ch. Schefer une garde-robe dont la description amusée fit l'étonnement du salon de la rue de Rivoli.

« Quatre habits turcs complets, vestes galonnées sur toutes les coutures, gilets idem, pantalons qui ont je ne sais combien d'aunes et espèces de guêtres, toutes galonnées de même, deux ceintures de Tunis tissées en or, une autre ceinture toute en soie de Damas, longue de 6 pieds, une autre de cachemire de Constantinople, une autre en mousseline blanche, des chemises toutes en soie, douze gilets en satin, ce satin est plus beau que tout ce qu'on voit en fait de soierie en Europe, deux Cacoulets ou capotes à capuchon à la mamelouk, des mouchoirs de soie qui sont la chose la plus admirable du monde pour la beauté de leur couleur rouge ; je ne parle pas des mouchoirs brodés et des serviettes à filets d'or. » En outre, le Pacha le gratifie d'un sabre d'une longueur de 4 palmes avec un fourreau en peau de chagrin, couvert presque entièrement d'argent doré et un ceinturon en fils d'or.

Enfin, lorsqu'il sort, il monte un cheval de Syrie et s'assied sur une selle à la turque couverte en drap vert et dont les fontes sont couvertes d'une plaque d'argent doré... Il a, pour le servir, un ferrach ou valet qui soigne la chambre et un saïs dont l'office est de marcher à côté de lui, quand il sort à cheval, et de courir à perte d'haleine quand il galope. Les ferrach et les saïs sont tous des Égyptiens qui ne parlent qu'arabe et il est obligé d'apprendre cette langue pour s'entendre avec eux.

Les repas sont énormes. On y sert vingt-cinq plats, parmi lesquels le riz figure, au moins, sous dix formes différentes. Il est bon d'ajouter qu'après avoir été présentés, ces plats sont portés au personnel petit ou grand du Palais et s'achèvent chez les domestiques.

La situation morale va de pair avec les somptuosités de la vie matérielle. Le Pacha ordonne qu'on le respecte comme son propre fils, aussi n'est-il pas d'égards et d'honneurs qu'on ne lui prodigue. Il en est même gêné. Une foule de serviteurs se tiennent à la porte pour le servir comme s'il était le Pacha lui-même et « il s'avilirait en descendant deux marches pour prendre la moindre chose ».

Quant à ses élèves, quand ils passèrent de la direction de M. Caporal sous la sienne, le Pacha leur adressa une lettre où se révèlent ses idées sur la pédagogie. Elles se résument, pour ces jeunes gens, dans les progrès qu'ils ont faits dans la calligraphie. Le souci de la beauté de l'écriture souligne l'importance extrême que les Orientaux attachent à cette arabesque qui devient indéchiffrable, lorsque sa forme n'est point parfaite.

« Mes chers fils, si les circonstances ne m'ont pas permis, quand j'avais votre âge, de m'occuper des langues européennes, ce que, depuis, j'ai vivement regretté, je n'ai pas moins, pour elles, une sympathie bien grande et une conviction inébranlable sur les avantages qu'elles procurent à ceux qui les possèdent.

Ce n'est donc pas par moi-même que je puis juger de vos progrès dans l'étude du français : nouvelle source de regrets. Toutefois, comme c'est M. Caporal, qui a toujours suivi vos pas dans vos études des langues européennes et que je crois pouvoir donner de la valeur à son jugement, je suppose que je me trouve assez informé sur le compte de vous trois.

Et d'abord, j'apprends avec bien du plaisir que Vély-bey fait en calligraphie de rapides progrès. Sa plume qu'on peut déjà appeler belle, ne demande qu'un peu plus d'exercice pour être formée tout à fait. Vély-bey ne saurait certainement pas me procurer un plus grand plaisir, tant pour ses propres progrès, que pour l'exemple qu'il donné à ses frères.

Kérim-bey, plus jeune d'âge, semble vouloir l'être aussi de mérite calligraphique, mais Hassan-bey met encore plus de distance dans le succès qu'il y en aurait dans l'âge. Je suis assuré cependant qu'il n'y a aucun lieu à faire des reproches, ni j'en fais à Hassan-bey.

Mais l'intérêt que je porte à tous m'engage à inviter celui-ci à imiter Kérim-bey et ce dernier Vély-bey.

M. Caporal me demande la permission de vous réitérer ici l'expression de ses respectueux sentiments. Votre père affectionné. Mustapha Pacha. »

Le Pacha est d'ailleurs un fort bon homme. Il administre la Crète pour Méhémet-Ali qu'on représente, en Europe, comme un homme terrible, un tyran cruel, et qui est adoré à Candie, comme dans tous les pays qui vivent sous sa domination. C'est un musulman sans fanatisme. Il boit du vin de Bordeaux et de l'anisette, ne croit ni au diable ni aux enchantements. Ch. Schefer en fait un nouvel élève. Il l'abonne au *Journal des Débats* qu'il lui lit et lui explique ; il traduit pour lui les articles qui peuvent l'intéresser de la *Revue des Deux Mondes,* en un mot, s'il enseigne la langue française aux fils, il enseigne au père l'esprit français.

Cependant, cette vie magnifique et monotone ne remplit pas l'activité du jeune homme. La société franque est là, ce qu'elle est dans tout l'Orient, ignorante et cancannière. On ne trouve à Candie, que huit Européens et encore passent-ils leur temps à se déchirer. Son ami Darasse et lui font leur société d'un Espagnol de Carthagène, colonel au siège de Saragosse et du Directeur de la Santé, un smyrniote intelligent.

Il essaie quelques excursions dans l'île. Il va visiter le Labyrinthe. « Le Labyrinthe, où je suis à peu près resté deux heures, est une caverne taillée par la main des hommes. Son étendue est immense et ses voûtes, qui se croisent en tous sens, sont, en général droites, Les murs sont polis, les plafonds tantôt unis, en quelques endroits, taillés en voûtes. La chaleur est étouffante et la sueur découle à grosses gouttes de votre front. Les murs sont tapissés de noms dont quelques-uns sont assez anciens. Le plus vieux que j'aie remarqué remonte à 1590, d'autres sont du xviie siècle, 1608, 1617, enfin, le fameux voyageur Pococke y a inscrit le sien. Pour le nom de Tournefort, je ne l'ai vu nulle part. »

Et surtout, il travaille. Il est venu en Crète dans le but bien défini de se perfectionner dans les langues orientales et il ne perd pas de vue son projet. A son départ de Paris il savait le Persan ; à Candie, il apprend le Turc, l'Arabe d'Égypte et l'Albanais qui est la langue en usage à la cour du Pacha. « En outre, écrit-il, vivant au milieu des musulmans, arabes, égyptiens, albanais, crétois, etc., causant avec eux à cœur ouvert, j'ai pu apprendre une multitude de choses qui ont échappé à des observateurs qui parcouraient le pays en savants, si l'on veut, mais qui n'ont jamais pu pénétrer dans la vie intime des musulmans. »

L'Ile de Candie jouissait d'une paix profonde sous le gouvernement ferme mais paternel de Mustapha Pacha, lorsqu'un événement, inattendu pour la population, vint y déchaîner une guerre féroce.

Le bruit se répandit, tout à coup, que l'Ile allait retomber sous la domination turque. Cette rumeur était fondée.

On était au commencement de 1841 — Méhémet-Ali n'avait plus assez de ressources pour soutenir ses victoires. Vaincu à son tour par la Turquie, malgré la France et avec la complicité de l'Europe, il se voyait réduit à restituer ses conquêtes pour conserver l'Égypte à lui-même et à sa dynastie.

A la nouvelle que l'île de Crète allait être rendue au Sultan, les Grecs qui formaient la majeure partie de la population, commencèrent à s'agiter. Les vieilles haines religieuses se réveillèrent. Les conspirations se nouèrent partout et, sans attendre la lecture solennelle du firman qui proclamait officiellement le retour de Candie à la Turquie, les Grecs se seraient soulevés, se seraient emparés des villages musulmans et auraient proclamé leur annexion au royaume de Grèce, si la vigilance et l'autorité de Mustapha Pacha ne leur avait imposé une paix provisoire.

La lecture publique du firman se fit, avec le cérémonial accoutumé, dans la cour du Palais, devant les troupes, les fonctionnaires et la foule. Pas une acclamation, pas un signe de joie : parmi les assistants, des hommes pleuraient.

La population n'attendait que le premier coup de fusil pour commencer une guerre d'autant plus acharnée que la religion y entrait pour beaucoup. « Les Grecs n'avaient pas oublié que, dans les insurrections précédentes, on avait transporté seulement en Égypte et à Constantinople plus de vingt-cinq mille esclaves. On donnait une fille pour un oignon. »

L'arrivée des fonctionnaires et des troupes turques déchaîna l'insurrection. Mustapha Pacha avait conservé son gouvernement et la Porte y avait ajouté le titre de maréchal. Mais les populations de l'île savaient, mieux que personne, combien étaient précaires l'autorité, les fonctions et même la sécurité personnelle des plus hauts dignitaires turcs.

En mars 1841, trois petits bâtiments chargés de Crétois et de Moraïtes, après avoir abordé à Sélino, sans observer de quarantaine, établirent, dans les environs du village, une espèce de camp. Leur nombre, qui n'était que de soixante à quatre-vingts hommes armés, s'accrut rapidement et la fuite de quelques capitaines ou chefs de village, amena la défection des Grecs de l'intérieur. Ces nouveaux débarqués envoyèrent à la Canée, un des leurs, porteur de trois lettres, l'une adressée au Sultan, la seconde au Pacha, la troisième aux consuls. Ils y déclaraient qu'ils ne voulaient ni de l'autorité, ni des lois du Sultan et qu'ils ne reconnaissaient plus Mustapha Pacha comme gouverneur. Les consuls, après la réception de ce document, se rendirent en corps auprès d'eux et commencèrent à négocier.

Après quelques pourparlers, ils se retirèrent, emmenant deux otages choisis parmi les habitants les plus influents. Ces otages se trouvèrent placés sous la protection anglaise, puisque, le même jour, deux vaisseaux de ligne anglais étaient arrivés à La Sude et que leurs officiers s'étaient mis à la disposition du Pacha pour assurer la tranquillité dans l'île.

On croirait assister aux récentes insurrections de la Crète. Elles se développaient, en 1841, avec les mêmes procédés que de nos jours, avec les mêmes ambitions et les mêmes résultats.

Cependant le soulèvement s'étend non seulement à toute l'île de Crète, mais aux îles voisines. « Les Moraïtes nouvellement débarqués, ont réussi à soulever Sphakia, qui est en pleine révolte. Les Sphakiotes sont renommés pour leur vigueur et leur courage. Ils habitent un canton montagneux et inaccessible, d'où il est impossible de les déloger. Toutes les populations des alentours se sont réfugiées à la ville qui regorge de femmes et d'enfants. Nous sommes absolument dans une place assiégée... Les consuls, qui ont eu je ne sais combien de conférences avec les révolutionnaires, n'ont rien su en tirer. Et la dernière fois qu'ils se sont rendus auprès d'eux, ils ont répondu qu'ils ne livreraient jamais leurs armes et qu'ils étaient déterminés à mourir en Crète. Aussitôt ils ont déployé leur drapeau et commencé des feux de file, des tirs de pistolet, enfin mille démonstrations guerrières. »

En même temps, les pirates apparaissaient autour de l'île et attaquaient les navires de commerce. Un capitaine Yorgi, venant de Constantinople, avait la gorge coupée avec tout son monde ; un bâtiment anglais, un autrichien, un ionien étaient capturés. Amis et ennemis bloquaient la Crète : on courait autant de dangers à vouloir en sortir qu'à vouloir y rester.

Mustapha Pacha, malgré son goût pour la paix, fut obligé, sur les ordres de Constantinople, de se mettre à la tête des troupes turques et de diriger une expédition pour réduire les insurgés crétois. L'aîné de ses fils, Vély-bey, est élevé au grade de colonel et pourvu d'un commandement. Ch. Schefer accompagne l'état-major et il assiste à des spectacles terribles. « On apportait des têtes à Vély-bey. A Moncho, on lui en a offert quarante. Les braves qui se distinguent par de si brillants exploits ont naturellement droit à une récompense. Aussi cinquante piastres sont-elles accordées à chacun de nos héros. La première tête que l'on a apportée à Vély-bey, à Gortyne, lui a fait de l'effet. C'était la tête d'un jeune homme d'une fort belle figure, de vingt-deux à vingt-cinq ans. La vue de cette figure souillée de sang et glacée par la mort, l'a empêché de manger de la viande. Peu à peu, il s'est fait à ce spectacle et les têtes étaient rangées, en file, devant notre tente, pendant que nous prenions nos repas. »

Et le même commandait à Paris des tableaux d'histoire naturelle, des estampes, des portraits : achetait ses objets de toilette chez nos parfumeurs à la mode et lisait les journaux français.

Sa carrière, d'ailleurs, devait être brillante. Dix ans après, il était appelé au poste de gouverneur du vilayet d'Andrinople pour en faire une province modèle, sous les auspices de M. Tissot. Puis, il était nommé ambassadeur à Paris où il retrouvait son ancien maître, devenu premier secrétaire interprète de l'empereur.

Au retour de cette expédition, Ch. Schefer se replonge dans l'étude. Une nouvelle langue s'ajoute à celles qu'il connaît : le circassien, dont la rudesse sauvage ne l'effraie pas. Il est heureux de se retrouver au milieu de ses livres turcs, arabes, persans : un Égyptien lettré vient le voir, deux fois par jour, pour s'entretenir avec lui et lui enseigner la prononciation correcte de l'arabe. Ce travail de cabinet ne l'empêche pas de se livrer à de violents exercices physiques : « Quand je reviendrai en France, écrit-il à son père, nous ferons ensemble des courses à cheval. Trois lieues au galop, faire décrire des cercles à son cheval, se cacher sous son ventre pour ne pas recevoir de coups de djerid, l'arrêter tout d'un coup, après l'avoir lancé au galop, manier le sabre sur son cheval, sont autant d'exercices auxquels je suis rompu. »

Malgré l'étude et l'exercice, l'ennui revient. Le séjour à Candie lui pèse. Le retour à la Turquie a tout changé. Il regarde du côté de l'Égypte où il trouvera de meilleures ressources littéraires. On lui offre, là, une situation tranquille qui lui permettra de se livrer, à loisir, à ses études orientales, celle de secrétaire des commandements de Saïd Pacha, fils de Méhémet-Ali. Il accepte. Son père écrit à Mustapha Pacha pour lui demander un congé définitif qui lui est accordé avec regret, et il s'en va. A peine a-t-il débarqué à Alexandrie, qu'il apprend que Saïd Pacha vient de partir pour la Haute-Égypte où il restera pendant plusieurs mois. Il profite de ce délai pour venir à Paris, dans sa famille

qu'il n'a pas vue depuis deux ans. Mais là, sa destinée
change. Sa connaissance des langues orientales lui
ouvre une autre carrière, plus rude peut-être, mais où
il pourra rendre et rendra, un jour, d'éminents services à l'État. Il entre au Ministère des affaires étrangères et est envoyé comme drogman au consulat général de Beyrouth (1843).

II

Le voyage de Marseille à Beyrouth n'est pas plus
direct que celui de Marseille à Candie. Il faut toucher
à Smyrne où il fait un court séjour chez M. de Ségur,
consul général, et il repart enfin pour Beyrouth où il
ne devait guère que passer.

La carrière consulaire ressemble beaucoup à la carrière militaire. Aujourd'hui ici, demain là. Il y a les
postes privilégiés et les postes dangereux où le climat ravage les santés et tue les agents sans bruit.
Ch. Schefer se croyait fixé pour longtemps à Beyrouth,
lorsque le bruit courut qu'on songeait à l'envoyer à
Tarsous, l'ancienne Tarse de Cilicie. Il ne cacha pas
son appréhension à sa famille. Tarsous était justement
redouté pour ses fièvres. Avant d'y aller, disait-on, il
faut faire son testament. Quatre consuls d'Angleterre y
étaient morts successivement. Le consul de France,
qui n'y avait fait qu'une courte apparition, était encore
malade à Beyrouth. Son chancelier, qui s'y trouvait
alors, était dans un état si grave qu'il ne pouvait être
sauvé que par son retour en France. La nouvelle était
heureusement fausse. Mais tout n'était pas inexact dans
le bruit de son changement de poste. Une ordonnance

ministérielle du 2 février 1844 le nommait drogman chancelier du consulat de Jérusalem. Il devait s'y rendre en compagnie de M. de Chassiron, secrétaire d'ambassade à Constantinople, chargé de mission par l'ambassadeur.

En attendant son arrivée, il pousse quelques pointes en Syrie. Il va à Damas, la cité fanatique presque fermée à la curiosité des Européens. Pour la visiter, il endosse le costume oriental. Le déguisement lui est facile ; il parle arabe dans la perfection. Il put entrer ainsi, deux fois, dans la fameuse mosquée des Ommiades, où l'on prétend qu'est enterré saint Jean Damascène. Damas, vu de la montagne Koubbet Essiar, présente la forme d'un tambour arabe. Entourée de jardins verdoyants, elle offrait alors un coup d'œil ravissant : mais l'aspect de la ville, quand on y entrait, était triste : longues rues silencieuses, maisons dont les murs de boue étaient percés de fenêtres étroites et grillées, quelquefois surchargées de moncharabiehs. Les bazars étaient moins riches que ceux du Caire. Il y trouva néanmoins des pierres gravées, des poignards, des étoffes : les belles armes avaient presque totalement disparu. Au bazar, les marchandises étaient à vil prix. La perception des impôts, qui allait se faire, l'arrivée de Namyk Pacha, seraskier d'Arabie, la crainte de la conscription, avaient répandu une terreur panique dans la ville. Plus de deux mille jeunes gens avaient fui chez les Arabes.

Enfin il revient à Beyrouth où il trouve M. de Chassiron. Il faut partir, malgré les instances qu'on lui adresse de tous côtés. La colonie française envoie une requête au ministère pour le maintenir au consulat ; M. Bourée veut l'y garder ; M. de Lantivy, le consul de Jérusalem, le réclame à cor et à cri, M. Tippel, consul à Damas, lui propose de l'enlever purement et simplement, enfin M. de Sartiges, ministre à Téhéran, lui offre le poste d'interprète de la légation en Perse. Ces témoignages, si flatteurs qu'ils soient, ne peuvent rien contre les ordres ministériels et Ch. Schefer, en compagnie de M. de Chassiron, reprend le chemin de Damas, pour gagner, de là, Jérusalem par le Hauran.

C'était en avril. Le temps, au moment du départ, était assez doux et présageait un voyage facile. Mais, à peine fut-on sorti de Beyrouth, que la pluie commença à tomber. Quand on arriva au pied de la montagne, elle était glacée : ce fut une tempête de grêle. On s'arrêta au Khan Hussein, où l'on passa la nuit entre quatre murailles humides, nuit mauvaise mais qui n'était rien en comparaison des souffrances que réservait la suite du voyage. Le lendemain matin, profitant d'une embellie, on commença à gravir les hauteurs du Liban. Les routes étaient couvertes de neige ; une brume épaisse empêchait de rien distinguer à dix pas devant soi. Enfin, la petite troupe, à moitié gelée, arriva au Khan Mourad où, après un peu de repos, commença la descente du Liban. On entra dans la plaine de la Béka, par un misérable village nommé Meksi. La plaine était inondée, les chevaux avançaient difficilement dans des bourbiers infects et on put, avec peine, se traîner jusqu'à Merdj, sous une neige qui se congelait sur les vêtements. Au passage d'une rivière, un des mulets qui portaient les bagages du jeune drogman, perdit pied et les coffres de cyprès qui contenaient tous ses effets, allèrent au fond de l'eau.

Enfin, on arriva à un village où l'on trouva une mauvaise cahute de boue, pour y allumer du feu et

s'y reposer. Le lendemain matin, impossible de partir :
la neige tombait en flocons tellement serrés que la route
était impraticable. Il fallut encore rester là un jour et
une nuit.

Le lendemain matin, après deux heures de marche,
les voyageurs s'engagèrent dans les gorges de l'Anti-
Liban par un défilé appelé Wadi-Maris. Les routes
étaient devenues tellement méconnaissables qu'ils se
perdirent, et pendant plusieurs heures, marchèrent à
l'aventure. Enfin on retrouva le bon chemin, et l'on
entra à Damas. — Aujourd'hui on y arrive paisible-
ment en chemin de fer.

Une grave déconvenue y attendait Ch. Schefer. Le
trajet de Damas à Jérusalem par le Hauran était impossible. Les Bédouins avaient intercepté toutes les routes.
Naplouse, par où il fallait passer, était en pleine
révolte : tout le Hauran était soulevé. Il fallait donc
revenir, encore une fois, à Beyrouth et prendre le
chemin de la côte jusqu'à Jaffa, pour arriver à Jérusalem par ce côté.

Ce nouveau voyage dura quinze jours.

Il partit de Beyrouth dans les premiers jours de mai,
et se dirigea sur Saïda, qui était alors une jolie petite
ville entourée de jardins. Le lendemain, il alla coucher
au Puits de Salomon, au delà de Tyr et arriva au mont
Carmel où il passa une nuit au couvent. Puis il fallut
aller à Saint-Jean-d'Acre pour exhiber son passeport et
se faire donner une escorte. « Je partis de Saint-Jean-
d'Acre, écrivait-il, avec trois cavaliers du gouvernement
et cinq Bédouins. La route ne présente rien de remar-
quable jusqu'au village de Soumourné, où nous fîmes
la rencontre d'une dizaine de Bédouins qui se tinrent
assez tranquilles, mais qui voulurent me voler un cheval que j'avais fait attacher à un figuier, à quelques

pas de moi. Deux heures après, j'entrai à Nazareth. L'agent français, étonné de me voir, me dit que tout le pays était en feu. Deux cheiks, Abdhulhadi et Ferrar, étaient aux prises et saccageaient la campagne : en outre, un Bédouin nommé Akil-aga, à la tête d'une soixantaine de cavaliers, y levait des contributions et pillait les villages.

« Je me décidai cependant à continuer par l'intérieur, le voyage de Naplouse m'abrégeant, de deux jours, la route de Jérusalem. Je partis donc avec mon escorte pour Tibériade en passant par le mont Thabor. Le soir j'arrivai à Tibériade. Le gouverneur m'envoya deux cavaliers pour me donner un logement, à la maison d'Ibrahim Pacha, à Emmaus. Le lendemain matin, il m'envoya prier de ne pas continuer ma route : il venait de recevoir la nouvelle que les Arabes avaient pillé deux villages au delà du Jourdain. et lui-même montait à cheval pour aller, avec ses cavaliers, à leur rencontre. Je rebroussai donc chemin vers Nazareth : Akil-aga venait d'en partir. Il avait levé une contribution de dix mille piastres sur la ville et il avait taxé à cinq cents piastres le fils de l'agent consulaire de France à Caïffa, M. Antoine Bonard. Je bénis le ciel de ne m'être pas trouvé dans la bagarre et, le lendemain, je partis pour Caïffa avec deux cavaliers en plus. Nous cheminâmes, par des routes détournées, pour éviter les Bédouins qui avaient assassiné des Nazaréthens. les jours précédents, et, le soir, nous arrivâmes à Caïffa. J'y ai passé un jour pour régler le compte de mon escorte et consigner aux mains du chef de muletiers, les chevaux de mon muletier mort à Nazareth. De Caïffa, je me rendis à Jaffa, et, de Jaffa, à Jérusalem, toujours escorté comme si l'on devait être attaqué à chaque pas.

« A Jérusalem, j'ai trouvé M. de Lantivy qui m'attendait comme le Messie. Jérusalem est une belle ville, bien bâtie, mais déserte ; les environs en sont dévastés ; pas d'eau, pas de fruits, rien enfin : pas de communications non plus, avec les autres villes de la côte. Si on trouve peu d'Européens, on a, en revanche, la société des Musulmans qui sont, ici, fort instruits. J'ai déjà fait la connaissance de Nakib-ul-Eschraf et du Mufti des Chafei. Ce dernier m'a fait présent d'un joli livre persan et veut, à toute force, me donner des leçons de poésie arabe. »

M. de Lantivy profite de l'arrivée de Ch. Schefer pour aller à Jaffa, pour un mois, en compagnie de l'élève-consul. Le climat de Jérusalem est âpre et ces messieurs ont besoin de changer d'air pour se remettre. Le corps consulaire n'est pas représenté : tous les titulaires du poste fuient la ville. « Je reste donc seul ici d'Européen, seul avec deux ou trois livres que je finirai par savoir par cœur, à force de les relire. »

Dès les premiers jours, les déceptions commencent. Il avait subi, comme tout le monde, le prestige lointain de la cité sainte, et les réalités qu'il y rencontre, lui causent un désappointement mêlé de colère. Ce sentiment est, d'ailleurs, celui de tous les agents consulaires que leurs fonctions obligent à demeurer à Jérusalem et à prendre parti dans les querelles politiques que suscite la possession des Lieux saints.

La guerre ne régnait pas seulement entre les différentes églises chrétiennes : elle était partout, en Syrie. Le Pacha avait été cerné dans Jaffa par les troupes irrégulières soulevées contre lui, et chaque jour, on tentait de l'assassiner. La flotte du Capitan Pacha rassemblée à Beyrouth, les gouvernails enlevés à tous les bâtiments arabes qui naviguaient sur la côte, Tripoli et Gaza en révolte, trente mille hommes réunis à El-Arich pour entrer d'Égypte en Syrie, tel était le tableau politique de la Palestine.

Les habitants de Jérusalem vivaient dans une appréhension de tous les instants. Le domestique de M. de Lantivy avait été assassiné dans son jardin ; les routes étaient interceptées et la femme du drogman auxiliaire du consulat, qui se rendait à Jaffa, avait été tuée par les Bédouins : personne ne pouvait faire un pas hors de Jérusalem sans risquer d'être dépouillé par les pillards.

Les communications avec l'Europe étaient presque impossibles. Ch. Schefer envoyait des lettres au Ministère, à sa famille, à ses amis, soit par Jaffa, Beyrouth et Smyrne, soit même par le Caire : aucune n'arrive à ses destinataires. Elles sont interceptées, volées ou perdues : on ne sait. Il est dans Jérusalem comme dans une ville assiégée.

A tous les ennuis de la solitude, s'ajoutent les difficultés de la vie matérielle. Le consulat est pauvrement installé ; une chambre pour le consul, une autre pour l'élève-consul ; un magasin au rez-de-chaussée sert de salle à manger. Pour loger la chancellerie, il a fallu louer une petite maison près des portes de la ville, la seule qui fût libre dans tout Jérusalem. Il n'est même pas de santé qui ne finisse par être atteinte. Les variations perpétuelles de la température, la mauvaise qualité de l'eau, éprouvent les tempéraments les plus robustes. Les consuls des diverses puissances saisissent toutes les occasions de s'éloigner : ils vont passer des mois, soit à Jaffa, soit à Damas. La sainte cité est désertée. Les affaires qui exigent la connaissance des langues orientales y sont presque nulles. Les dissenti-

ments entre les ordres religieux des différentes confes-
sions, forment le fond des occupations consulaires.

Les ennuis, le découragement, le dépérissement de
ses forces le plongent dans la misanthropie la plus
noire. Il n'a plus qu'une idée, quitter Jérusalem, pour
aller n'importe où, à Mossoul, à Bagdad ou Erzeroum.

Il pense, avec quelque ironie, à ceux qui rêvent de
résider à Jérusalem, de demeurer près des Lieux saints.
Pour lui, Jérusalem intéresse et émeut pendant quinze
jours, après lesquels l'illusion s'évanouit et il ne reste
que la réalité prosaïque. Il faut visiter le Saint-Sépulcre
et les Lieux consacrés par la tradition, une fois, puis
monter à cheval et partir.

Il voit en même temps ses collègues, ses amis, qui
viennent occuper leur poste, accompagnés de leur
femme et de leurs enfants et il songe au mariage. Mais
comment exposer une femme à un climat aussi chan-
geant et aussi rude? Comment l'associer à toutes les
difficultés d'une carrière instable, qui peut vous envoyer
aux quatre coins de l'Orient? Il faut remettre ce rêve
à des temps plus heureux. Le but du moment est de
quitter Jérusalem et d'aller à Smyrne où il trouvera les
documents nécessaires à ses études orientales. Car,
malgré tout, il ne cesse pas de travailler; il rédige des
mémoires sur la Syrie, ses populations, son commerce;
il les enverra au Ministère, aussitôt que sa santé rétablie
lui permettra de les achever. Il adresse également à
Paris, des modèles d'écriture arabe qui seront de grande
utilité à l'École des Jeunes de Langues.

Enfin, après bien des atermoiements, sa nomination
à Smyrne est signée. Il en a reçu l'avis et il fait ses
préparatifs de départ avec une joie, un enthousiasme
même, qui se reflète dans toute sa correspondance.

La route de Beyrouth à Smyrne passe, pour les

voyageurs, par Malte. Il faut aller au lazaret de cette île, pour y purger une quarantaine.

Cette formalité remplie, il arrive à Smyrne où il assiste, tout d'abord, à un spectacle fort commun en Orient, si commun que l'on y prend à peine garde.

La nuit qui précédait le départ du courrier, il s'était couché à trois heures du matin, en se promettant une nuit de repos. Mais, au plus profond de son sommeil, il est réveillé par des coups de pistolet tirés dans le consulat. C'étaient les cawas qui annonçaient un incendie. Il monte sur la terrasse et voit un tourbillon de flammes qui s'élevait du milieu du quartier turc, près d'une mosquée. Le feu avait pris vers trois heures, dans la boutique d'un pâtissier, et se propageait à travers des bazars étroits et construits en bois ; dans des magasins voisins, étaient entassés des barils de poudre qui sautèrent et en achevèrent la destruction. Le minaret d'une mosquée avait pris feu et c'était un étrange et magnifique spectacle de voir cette colonne flamboyer comme une torche immense. Malheureusement il n'y avait sur rade aucun bâtiment de guerre européen ; aussi les Turcs, livrés à eux-mêmes, eurent-ils grand'peine à arrêter le feu. Ce n'est qu'en abattant une partie des bazars environnants, qu'ils arrivèrent à le maîtriser. Trois cents boutiques furent détruites, avec une perte de quatre millions de piastres.

Quelques jours après, Smyrne fut secouée par un tremblement de terre. Tous ceux qui ont vécu en Orient reconnaîtront là ces instants d'émotion, auxquels les plus aguerris ne peuvent échapper. On ne se blase jamais sur la sensation d'épouvante de ces minutes dont on ne sait si elles seront mortelles ou inoffensives.

« Vers six heures moins cinq, écrivait-il, une effroyable secousse a ébranlé toute la ville. J'étais dans le cabinet du gérant du consulat, quand je sentis une légère oscillation. Je lui dis aussitôt : « Voilà un trem- « blement de terre. » A peine avais-je dit ces mots, qu'un craquement effroyable se fit entendre dans la maison. Les sonnettes tintèrent avec force et nous sen- tîmes, pour ainsi dire, le poids du premier étage qui vacillait sur nos têtes. Un long cri d'effroi, parti de toutes les maisons, remplit l'air, et un nuage de pous- sière couvrit la ville. Deux minarets ont été jetés à bas. La grande mosquée est toute lézardée et elle s'abîmera au premier jour. Un Khan s'est écroulé; dans la rue franque, des maisons ont été fortement endommagées et plusieurs seraient tombées, si elles ne s'étaient ap- puyées sur d'autres. Le consulat a été tout crevassé. Tout cela est d'autant moins réjouissant qu'en 1688 et en 1778, Smyrne a été détruite par des tremblements de terre. Nous avons consulté les archives du consulat. En 1688, seize mille personnes et le consul Fabre ont péri. »

Dès le lendemain, il se remet à ses travaux histori- ques. Et, peu de temps après, il faisait parvenir au Mi- nistère l'histoire de la famille Chehab qui avait fait tant de bruit à Paris et à la Chambre au moment de la discussion des affaires d'Orient. Il terminait, en même temps, un mémoire sur la Palestine, dont il avait dû demander, à Paris, une partie des documents.

Enfin, il adresse à M. Grangeret de Lagrange, un recueil de Poésies arabes, lithographié à Alep, et qui devait passer, à ses yeux, pour une rareté bibliogra- phique.

Et le savant orientaliste, conservateur à la Biblio- thèque de l'Arsenal, lui répond par une lettre d'une bonhomie d'autant plus touchante qu'elle s'adresse à un jeune érudit de vingt-six ans, qui n'a encore rien publié.

« Monsieur et très honorable ami, j'ai lu avec plaisir les deux lettres que vous m'avez fait l'honneur de
m'écrire, l'une en français et l'autre en excellent
arabe. Je vous remercie beaucoup de votre bon souvenir, des sentiments que vous me témoignez et du
cadeau précieux que vous voulez bien me faire du
Diwan d'Omar ben Faredy. J'accepte volontiers ce
poète dont M. de Sacy et moi avons publié plusieurs
morceaux et le placerai dans ma petite bibliothèque de
manière à le voir tous les jours et, par là, me rappeler
que je le tiens d'un jeune savant fort distin gué et don
le mérite ne peut qu'aller toujours croissant.

« Monsieur votre père auquel j'ai eu l'honneur de
rendre une visite, il y a quelques jours, m'a dit que
vous aviez entrepris un travail sur Jérusalem. C'est là
une bonne idée et je ne saurais trop vous presser de la
mettre à exécution. Par cette œuvre, vous débuterez
noblement dans la carrière de la science et vous serez
apprécié par les juges compétents. Si ce travail est
déjà avancé et que vous vous proposiez sérieusement
de le publier, vous feriez bien, dans quelque temps,
de m'envoyer une petite annonce détaillée que j'insé-
rerais aussitôt dans le *Journal asiatique*. Vous avez
grandement raison de rassembler des manuscrits
arabes et persans. Attachez-vous surtout aux ouvrages
historiques car ils sont, aujourdhui. en grande faveur
auprès des Orientalistes. Ceux que vous m'avez indiqués
sont bons et pourront vous être utiles. J'ignore si vous
avez occasion, à Smyrne, de lire le *Journal asiatique*.
Ce journal vous tiendra parfaitement au courant des
travaux de nos savants. Je vous conseille de ne pas en
négliger la lecture, bien que, déjà, vous soyez très riche
de votre propre fonds. Votre jeune frère paraît avoir
grande envie d'étudier l'arabe et le persan et de suivre

les traces de son aîné. C'est à vous et à votre respectable père à le pousser ou à l'arrêter. Je ne doute pas qu'il n'ait toute la capacité requise pour apprendre ces langues et autres, mais la carrière lui serait-elle avantageuse? C'est une grave question.

« Adieu, Monsieur et honorable ami ; songez par-dessus tout à vous bien porter et croyez toujours à mon attachement inviolable.

« Grangeret de Lagrange. »

Paris, 25 août 1846.

Ainsi se nouèrent, dès 1846, des relations suivies entre Charles Schefer et l'Arsenal, relations continuées aujourd'hui et plus étroitement encore, par l'un de ses fils.

Cependant, les encouragements qu'il reçoit d'un peu partout, éveillent ses ambitions. Il rêve d'une chaire au Collège de France ou à la Bibliothèque du Roi. Et, pour s'y créer un titre, il forme le projet d'un grand voyage d'exploration historique qui durerait deux ou trois ans. Il s'agirait de visiter le pays des Bicharis, « pays inconnu où sont établies des tribus de Mutewalis, Beni-Saab, Beni-Aly, Seghir, etc... Plusieurs des chefs de ces tribus ont des collections de livres, surtout historiques, renommés dans la Syrie ».

Et il rédige le programme de ce voyage : acquérir ou faire copier les livres qui auraient une grande importance historique ; copier les inscriptions des monuments arabes du moyen âge qui s'y trouvent en grand nombre, parcourir la vallée du Jourdain, surtout le pays à l'Est du fleuve, relever toutes les inscriptions, passer à l'Est de la mer Morte, visiter les cantons de Salt, Karak, Pétra, Dana et entrer en Arabie par

la voie des caravanes : visiter l'intérieur de l'Arabie,
recueillir le plus d'informations possibles pour l'histoire des tribus qui ont émigré en Syrie, en Afrique,
jusqu'au Maroc, pénétrer dans le pays de Sana, s'arrêter à l'Université de Zébyd, y étudier les livres de
droit et y acquérir des livres historiques.

Ce grand projet ne fut jamais réalisé. Le jeune
drogman-chancelier manquait des ressources nécessaires pour une pareille entreprise.

Cependant l'âge vient. La vie à l'étranger mûrit vite
les âmes ; la solitude y est pesante et l'on pense au
mariage.

Les dames de Smyrne, de la terre d'Ionie, sont célè-
bres, comme aux temps antiques, pour leur beauté,
mais il leur manque un attrait plus fort que cette beauté.
Le but du mariage ne lui semble pas celui d'avoir un
magnifique modèle constamment placé sous les yeux.
Il voit la source du vrai bonheur dans l'éducation
supérieure et dans le caractère élevé d'une com-
pagne.

C'est dans ces dispositions qu'il revient à Paris pour
passer un an de congé, dans sa famille. Là, il rencontre
la fille aînée de Stéphane Robinet, le chimiste, membre de l'Académie de Médecine. Élève de Vauquelin
et de Fourcroy, Stéphane Robinet appartenait à cette
génération d'hommes de science qui fondèrent la
physique et la chimie et eurent la bonne fortune
d'en découvrir les lois simples. Il était doué de l'esprit le plus créateur et les Annales des Recueils scientifiques conservent la trace de ses travaux où abondent
les idées, les inventions, qu'il exposait aussitôt réa-
lisées, sans avoir jamais eu l'idée d'en tirer le moindre
profit.

Il demeurait dans une maison qui est restée une

des curiosités du vieux Paris, le Palais abbatial de Saint-Germain-des-Prés. Ses enfants ont conservé le souvenir des originalités de cette vénérable demeure. Dans une des ailes, on trouvait, au rez-de-chaussée, l'atelier du sculpteur Guillaume où se dressait, menaçante, la statue du Napoléon Ier de Cherbourg. Au-dessus vivait, silencieuse et un peu mystérieuse, la dernière descendante du peintre hollandais Van Ostade. Puis, aux étages supérieurs, les salles de la Société de Chirurgie se remplissaient, un jour par semaine, de médecins et de chirurgiens, les uns portant quelquefois d'étranges paquets cachés sous la toile cirée. Dans l'autre corps de logis, des artistes, des musiciens, rompaient le silence du majestueux bâtiment abbatial, par des concerts qui se prolongeaient souvent dans la nuit, au désespoir des voisins habitués au silence de ce coin de province. Dans le jardin où végétaient quelques arbres centenaires aux troncs gluants et verdâtres, on voyait çà et là, surgissant du sol, des bustes de plâtre grands comme des termes, bustes qui servaient de cibles aux balles des enfants de la maison. Enfin, entre les arbres, on apercevait un mur convexe de pierre grise. C'était l'abside de Saint-Germain-des-Prés. Un artiste, au temps du premier Empire, avait adossé à cette muraille un minuscule ordre d'architecture antique du plus gracieux effet. C'étaient des colonnades, des frontons, des portiques en miniature, de plâtre ou de staffe, qui s'étageaient, blancs sur le mur noir, comme un contresens puéril et charmant.

Charles Schefer se maria le 9 février 1848. Le 24, la Révolution éclatait, et, le 29, son père recevait une lettre de M. Barni, membre du Gouvernement provisoire, qui l'informait que la suppression de la Liste civile, entraînait celle de son emploi. Aucune retraite,

ni pension ni indemnité quelconque, n'était réservée à
ce fonctionnaire pour ses quarante-deux ans de service.
En attendant un dédommagement qui ne vint jamais,
il accepta le poste d'administrateur du *Civilisateur*,
revue mensuelle que Lamartine venait de fonder, et
qui devait se continuer sous le titre de *Cours de Littérature*.

Heureusement Charles Schefer venait d'être nommé
drogman-chancelier du consulat général d'Alexandrie.
Pour la première fois, un peu plus de tranquillité entrait dans cette existence si agitée, si précaire. A Alexandrie, on s'installa dans une petite maison. La jeune
femme, douée d'un rare talent de peintre et de musi-
cienne, fit de cet intérieur un asile enviable. Quelques
relations choisies, dans ce monde consulaire où se
rencontrent souvent tant d'intelligences éminentes,
commencèrent une vie douce à vivre, égayée bientôt
par la naissance d'un premier fils. Une violente épidémie de choléra eut beau s'abattre sur Alexandrie
même, pendant le fort de la terreur, le ménage ne
perdit rien de son courage et de sa sérénité. « Nous
avons été fermes comme des rocs, écrivait-il. » Le
danger passé, les plaisirs mondains reprennent leur
cours. Les fêtes, les bals se succèdent chez les opu-
lents banquiers italiens ou grecs de la ville. Toute la
colonie étrangère s'y rencontre et l'on peut se croire,
par instant, dans une petite capitale européenne. Quant
aux affaires à traiter, elles n'ont pas le caractère
d'âpreté des affaires litigieuses de Palestine ou d'Asie
Mineure. Les vice-rois d'Égypte, depuis Méhémet-Ali,
s'entourent de conseillers français. On est plus près
de l'Europe.

En 1848, le vice-roi, Ibrahim Pacha, était allé recevoir à Constantinople l'investiture de la vice-royauté.

Il en revenait malade, crachant le sang, ne voulant voir personne que ses deux médecins Clot-bey et le médecin sanitaire d'Alexandrie. Il mourut bientôt et son successeur, Abbas-Pacha, un des personnages les plus fantasques de l'Orient, dut se préparer, lui aussi, au voyage d'investiture à Constantinople. Le bon peuple d'Égypte le vit partir avec regret. Il s'imaginait que le sultan n'aurait rien de plus pressé que de l'empoisonner.

Au moment de son départ, arrivent inopinément à Alexandrie, par le paquebot français, deux élèves de l'école Égyptienne de Paris, Ahmed-bey et Ismaïl-bey, qui sera un jour vice-roi et inaugurera le Canal de Suez. Ils venaient, disaient-ils, pour savoir où en étaient les affaires de leur père Ibrahim-Pacha. Mais lorsque leur arrivée à Alexandrie fut connue au Caire, ils reçurent, courrier par courrier, l'ordre de se rembarquer, sur-le-champ, à bord du paquebot qui les avait amenés. Ils obéirent de fort mauvaise humeur, et avant leur départ, ils purent entendre la canonnade qui célébrait l'entrée d'Abbas-Pacha à Alexandrie. Si le Pacha avait permis à Ismail-bey et à Ahmed-bey de se rendre au Caire, l'École égyptienne tout entière aurait débarqué en masse par le premier paquebot.

Ce jeune Ismaïl-bey n'était pas un inconnu pour Ch. Schefer. A Paris, il venait souvent s'asseoir à la table familiale du caissier du Trésor de la Couronne. Les fils de souverains comptent pour bien peu, en Orient : ils semblent ne pas exister et le jeune Ismaïl-bey connaissait alors les chagrins de l'adolescent étranger abandonné, presque sans ressources, dans Paris. La bonté de Chrétien Schefer lui épargna bien des humiliations de la gêne. L'oriental ne l'oublia jamais. Dès son accession à la vice-royauté, il n'est sorte de prévenances qu'il n'eut pour le fils, en souvenir de la bienveillance que lui avait témoignée le père. Et quand Ch. Schefer alla en Égypte, pour assister à l'inauguration de l'Isthme de Suez, il fit dans la Haute-Égypte, en compagnie de Mariette-bey, un voyage que la générosité d'Ismaïl rendit tel, que les souverains n'en connurent pas de plus beau.

Il est inutile de rappeler les fantaisies d'Abbas-Pacha : elles sont légendaires. Cet original commença la tradition des vice-rois fantaisistes et fastueux qui n'hésitèrent jamais à puiser à pleines mains dans les coffres de l'État, pour renouveler les féeries des Mille et une nuits. On sait où aboutit ce système grandiose de gouvernement, qui a plus d'intérêt pour ceux qui en bénéficient que pour ceux qui le soutiennent.

III

Enfin, la nomination de drogman à l'Ambassade de Constantinople, tant attendue, si longuement espérée, depuis Smyrne, arriva à Alexandrie, et Ch. Schefer s'embarqua, sans retard, pour prendre possession de son poste.

A Constantinople, il trouva le meilleur accueil auprès de l'ambassadeur, le général Aupick, officier de l'ancienne façon, rude et bref, mais, au fond, le meilleur homme du monde. Il avait épousé Mme Baudelaire, la mère du poète. Et ce n'est un secret pour personne que les étonnements perpétuels que lui causaient les originalités de son beau-fils.

Les fonctions d'un drogman à Constantinople étaient, alors, des plus actives. Intermédiaire obligé entre l'Ambassade et la Sublime-Porte, toutes les affaires diplomatiques et consulaires lui passaient par les mains, car c'était sa fonction de les présenter et de les discuter avec les ministres. Le travail était doublé par la longueur des distances à parcourir et la difficulté des communications.

Le quartier des Ambassades, Péra, est séparé par un bras de mer, la Corne d'Or, de la pointe du Vieux-Sérail où se trouve la Sublime-Porte. Aucun autre moyen de communication, à cette époque, que le caïque et le cheval. Le drogman, parti le matin de chez lui, n'avait pas trop de sa journée pour passer dans tous les Ministères et l'inertie naturelle des Turcs décuplait le nombre des courses inutiles. L'été, l'Ambassade s'installait à la campagne, à Thérapia, dans une grande maison turque, en bois, construite sur le quai du Bosphore.

Il n'est pas de plus beau spectacle que celui de ces rives, des collines boisées de la côte d'Europe et, sur le côté d'Asie, des grandes prairies de Hayder, près de Scutari. On comprend l'enchantement des peintres et des poètes devant ce décor de féerie dont les moindres détails forment des tableaux d'une incomparable poésie ; les caïques avec leurs rameurs aux manches flottantes d'un blanc pur, les navires toutes voiles déployées, les pêcheries du Bosphore avec leurs cabanes de guetteurs juchées sur des échafaudages au milieu de l'eau ; et puis les couchers de soleil qui couvrent d'or la mer, les collines, les forêts, les mosquées de Stamboul, la tour de Léandre, seule au milieu des flots, et les minarets pointus comme des cyprès immenses.

Mais ce sont là des merveilles que l'accoutumance rend familières, puis indifférentes.

Dès son arrivée, une affaire se présenta qui l'intéressait particulièrement. Son père était, en 1849, Administrateur du Journal fondé par Lamartine, le *Civilisateur*. Or, en octobre 1849, débarquait à Constantinople, un des représentants du grand poète, M. Rolland, ancien député à la Constituante, jadis maire de Mâcon, et qui avait présidé le banquet de Mâcon en 1847. Il était venu demander une concession de terres pour M. de Lamartine. On lui accorda un terrain auprès de Magnésie en Asie Mineure et M. Rolland y était allé faire un voyage pour choisir entre trois ou quatre fermes qu'on lui laissait au choix. Magnésie était réputée pour son tabac.

Mais ce n'était là qu'une affaire privée. A Constantinople, la diplomatie prime tout. Les relations, faciles avec les autres Ambassades, ne gardaient de réserve qu'avec le Palais de Russie et celui d'Angleterre. L'ambassadeur de Russie, M. Titof, vivait dans un emportement perpétuel. Les hostilités se dessinaient déjà entre la France et la Russie, sur presque toutes les questions. Quant à l'ambassadeur d'Angleterre, rien ne laissait prévoir, dans son attitude, le futur allié de la Campagne de Crimée. Lord Canning, qui devait s'appeler quelques années plus tard Lord Stratford de Redcliffe, ne pouvait oublier que, dans sa jeunesse, étant simple attaché à l'Ambassade de Constantinople, il avait été témoin de la défense énergique et heureuse du général Sebastiani contre les tentatives de débarquement des Anglais. Sa grande courtoisie conservait des apparences de raideur hautaine qui lui avaient aliéné bien des sympathies, à commencer par celles du Souverain auprès duquel il était accrédité.

La question des Lieux-Saints, qui se réveillait alors, allait donner à Ch. Schefer l'occasion de manifester ses aptitudes diplomatiques. Cette question était la lutte séculaire entre les églises Latine et Grecque, pour la possession des sanctuaires de Jérusalem et de Bethléem. Officiellement, la discussion s'établissait entre la France et la Turquie. La France représentait les intérêts des Latins ; les intérêts grecs avaient pour avocats les deux commissaires ottomans, tout dévoués à la Russie. En réalité, la France et la Russie se trouvaient en face sous l'œil attentif de la Turquie.

« Notre grosse affaire de Jérusalem, écrivait-il en juin 1851, a pris, depuis quelques jours, l'apparence la plus favorable. Nous allons avoir, de la Porte, une réponse telle que nous la désirons. Les travaux de la Commission commenceront aussitôt. Cette Commission se composera de quatre membres : deux, nommés par la Porte, qui sont le premier drogman du Divan impérial et le grand logothète, M. d'Aristarchi. Les deux commissaires de la France seront M. Botta, consul de France à Jérusalem et moi. Tous les États catholiques de l'Europe ont été officiellement prévenus de notre négociation. »

Ch. Schefer était, mieux que personne, préparé à la discussion des Lieux-Saints. Il venait de Jérusalem où il avait été témoin des rivalités, parfois sanglantes, des Latins et des Grecs, rivalités séculaires qui furent toujours un obstacle invincible à la neutralisation des Lieux-Saints.

La première réunion de la Commission fut fixée au 12 juillet. Il s'embarqua à Thérapia par un violent orage ; la foudre tomba, à trois reprises, devant son caïque : les bateliers, saisis de terreur, se mirent à l'abri à Emirghian où ils débarquèrent le drogman qui dut aller, à pied, au milieu des fondrières jusqu'à Boiadji-Keui où la Commission devait se réunir. Personne n'était venu. Il ne se trouva au rendez-vous que le maître de la maison et la conférence fut renvoyée au lundi, à neuf heures du soir : pendant tout le Ramazan on ne pouvait travailler que pendant la nuit.

Les séances suivantes furent plus effectives. En réalité, les membres de la Commission n'avaient aucune négociation à entamer ou à suivre. Ils étaient seulement chargés d'établir l'état des sanctuaires possédés par les religieux Latins en 1740, époque à laquelle avait été signé le traité qui leur garantissait la possession de ceux qu'ils occupaient.

Ses connaissances historiques, en cette occasion, lui furent précieuses. Sa bibliothèque orientale, qu'il avait transportée à Constantinople, lui permit de prendre une part importante à la discussion et c'est lui qu'on chargea d'en rédiger les procès-verbaux.

Il avait pressenti, dès le premier jour, l'importance de l'affaire des Lieux-Saints. C'était le commencement de la lutte entre la France qui voulait conserver son privilège de protection sur tous les établissements et sanctuaires chrétiens d'Orient et la Russie qui prétendait étendre la même protection sur l'Église grecque. Cette rivalité devait bientôt, grâce aux maladresses impérieuses de la diplomatie russe, passer du terrain diplomatique sur le terrain militaire, c'est-à-dire se conclure par la guerre de Crimée.

La rédaction des procès-verbaux de la Commission était des plus délicates : il eut besoin de toute son habileté pour les faire signer par la Russie et la Turquie.

La discussion se poursuivait dans un sens favorable aux intérêts de la France, lorsqu'on annonça, à Constantinople, l'arrivée du comte Orloff, aide de camp de l'Empereur de Russie, chargé par lui d'une mission temporaire.

Le comte Orloff apportait au Sultan, en même temps qu'une missive de félicitations officielles, une seconde lettre, de la main de l'Empereur, demandant au Sultan le maintien du statu quo dans la question des Lieux-Saints. C'était demander la dissolution de la Commission. Après quelque résistance, la Porte résolut d'obéir à l'injonction russe.

M. de Lavalette protesta avec véhémence. M. Titof menaça de rompre les relations diplomatiques s'il n'était pas fait droit à la prière de son souverain. Enfin, la situation aurait tourné au conflit, si le nouveau ministre des Affaires Étrangères, M. de Turgot, n'avait conseillé le calme à notre ambassadeur. La France avait besoin de paix : l'Empire se préparait.

La Turquie elle-même n'était pas en état de résister à la Russie. L'Administration de Réchid-Pacha avait complètement désorganisé le pays. Les finances étaient dans un état déplorable : il n'y avait pas un sou vaillant dans les caisses : le gouvernement ne pouvait payer vingt-cinq mille francs. La question des réfugiés polonais devenait inquiétante ; l'Autriche rassemblait des troupes sur la frontière de Serbie. Les Anglais avaient, de leur côté, pris pied en Égypte. L'Empire ottoman, disait-on, pourrait bien ne plus durer longtemps. « A Constantinople, on craignait un soulèvement populaire qui serait une chose terrible. La population musulmane commencerait par exterminer les Européens qu'elle accusait d'être les auteurs de ses souffrances. Les Russes se pâmaient d'aise en voyant l'état où une administration sentimentale et libérale avait conduit la Turquie. Eux qui auraient dépensé des millions pour affaiblir l'Empire, ils assistaient gratuitement à une représentation dont ils devaient recueillir le bénéfice. »

Malgré le travail incessant auquel l'obligeaient des négociations dont le poids retombait sur lui, il ne perdait pas de vue ses travaux d'érudition. Nous sommes en 1852, il a trente-deux ans ; il rêve toujours d'une chaire de Langues orientales, d'un siège à l'Institut. Mais il faut d'abord revenir à Paris et la place de Secrétaire-interprète est la seule qui puisse l'y ramener.

Tel sera désormais le but de sa vie. Il prépare les fonctions et l'honneur auxquels il aspire, en enrichissant sa bibliothèque, en cherchant partout les documents précieux. Il fait, parfois, des trouvailles imprévues.

Un jour, en passant par le Vieux-Sérail, il rencontre un vieil eunuque nommé Moudjan Aga, qu'il avait connu à Candie, et que Mustapha avait donné à la mère du Sultan. Cet eunuque, qui avait été malade et envoyé à l'infirmerie qui se trouvait à la pointe du Sérail, le fit entrer chez lui et un eunuque blanc, qui avait la garde de sa bibliothèque, vint les y retrouver. Moudjan Aga parla de dessins qui se trouvaient parmi les livres du Sultan Ibrahim et lui fit apporter six miniatures sur vélin qui lui semblèrent admirables. Malheureusement ces merveilleuses peintures étaient d'une liberté de sujet qui en rendait l'acquisition impossible ; et l'affaire n'alla pas plus loin.

A cette époque, il fut nommé membre correspondant de l'Académie de Constantinople, qui venait d'être fondée (1851). Cette Académie était une des plus étranges conceptions que le goût de l'imitation ait inspirées à la Turquie. Elle se nommait Académie des Sciences et Belles-Lettres. Son but était, disait son règlement, de « s'occuper d'augmenter le nombre des ouvrages turcs, scientifiques, et travailler au progrès de la littérature et de la langue ». L'état des Sciences et des Lettres en Turquie ne permettait pas d'espérer des œuvres originales, aussi les traductions occupaient la première place dans le programme de ses travaux.

Un article du règlement précisait les procédés de travail de cette Société et en indiquait l'esprit : « Quand la composition ou la traduction d'un livre est jugée nécessaire, le Président doit en parler, d'abord, à ceux des membres qui en sont capables et leur faire traduire quelques pages de cet ouvrage, à titre d'essai, et, après avoir confronté les traductions entre elles, on charge de la rédaction ou de la traduction de cet ouvrage, à la majorité des voix, celui dont le travail est jugé préférable à celui des autres. »

Les principaux personnages de l'État furent les premiers membres de cette Académie : on lui associa, comme correspondants étrangers, plusieurs orientalistes européens, mais les Académies ne suscitent pas les écrivains, elles les groupent. Les Sciences et les Lettres orientales n'avaient pas assez de représentants pour constituer une Société et celle-ci disparut après avoir publié un seul ouvrage, la Grammaire ottomane de Fuad-Effendi.

IV

L'histoire de la guerre de Crimée a été faite ; elle est connue dans tous ses détails militaires et diplomatiques. Cependant, des lettres de Charles Schefer pourraient donner, sur cette expédition, de précieux renseignements, présenter cette vérité qui ne se trouve pas dans les dépêches officielles. Cette correspondance, si elle existe encore, est celle qu'il a entretenue avec le

Prince Napoléon, sur la demande même du Prince. A défaut de ces documents précieux pour l'Histoire, il faut nous contenter des renseignements épars dans ses lettres à sa famille.

Dès le début de la guerre, le maréchal Saint-Arnaud fut atteint du choléra. « Le Maréchal, écrit-il, qui a été attaqué du choléra le 24 septembre (1854) doit être mort à l'heure qu'il est et nous nous attendons à voir arriver demain, le *Berthollet* qui portera son corps. Le général Canrobert, en qui l'armée a grande confiance, a pris le commandement général. Nous attendons, ces jours-ci, la nouvelle de la prise de Sébastopol. Je vais maintenant, à peu près tous les jours, annoncer les nouvelles au Palais du Sultan. Je l'ai vu deux fois cette semaine. Je ne le vois que pour lui dire des choses qui le comblent de joie et il m'a pris en affection. »

Le danger, pour l'armée, était moins l'ennemi que l'épidémie. Malgré toutes les précautions, l'état sanitaire du corps expéditionnaire restait toujours grave. Le choléra avait diminué parmi les troupes, mais les malades l'avaient apporté à Constantinople et il régnait au grand hôpital militaire de Péra et dans les hôpitaux du Bosphore.

Sur ces entrefaites le Prince Napoléon débarquait de Crimée, atteint de la dyssenterie, et son passage à Constantinople était signalé par un fait extraordinaire et qui produisit à Péra une profonde sensation. « Le Sultan est venu au Palais de France, pour faire visite au Prince Napoléon. J'étais allé, vendredi, lui annoncer la bataille d'Inkermann. Dans le cours de la conversation, il m'a parlé de son désir de voir le Prince et de se rendre à l'Ambassade de France. Le lendemain, je suis retourné au Palais pour le remercier et je l'ai trouvé se préparant à aller à Péra. Il a été reçu à l'Ambassade, dans la salle du Trône. Les portes se sont refermées sur nous et la conversation a duré à peu près vingt minutes. Il n'y avait de présent que le Sultan, le Prince, le premier aide de camp du Sultan et moi. J'ai tâché de faire merveille pour l'interprétation. Le Sultan lit un peu le français; il en comprend quelques mots dans la conversation, mais il ne le parle pas. »

Quelques mois après, en mars 1855, une dépêche apportait une nouvelle surprenante, celle de l'arrivée possible de l'Empereur. Toute la ville fut en émoi. D'après les dépêches de Vély-Pacha, ambassadeur à Paris, l'Empereur attendait, pour renoncer à son voyage, l'arrivée de bonnes nouvelles de Crimée. Si elles se faisaient attendre, il était décidé à partir. Comme on n'espérait aucune nouvelle décisive avant deux ou trois mois, le voyage de l'Empereur semblait très probable.

En effet, quelques jours après, Ch. Schefer écrivait : « Hier, j'ai conduit chez le Sultan le colonel de Béville qui est venu annoncer à S. H. le voyage de l'Empereur. J'ai dû ensuite le conduire aux différents Palais que le Sultan avait désignés, pour qu'il pût voir lui-même celui qui conviendra le mieux à l'Impératrice. »

Le choix s'arrête sur le Palais de Pacha Liman. Aucun contre-ordre ne vient de Paris. Le voyage paraît certain. L'Ambassade prend toutes ses dispositions. Tout le personnel ira attendre le Souverain aux Dardanelles.

Le Sultan, lui-même, comme pour s'y préparer, veut passer une revue de la Garde Impériale campée aux environs de la ville. On était en mai et la chaleur était déjà excessive. « Je suis allé au Maslak, en voiture ; nous avons déjeuné chez le colonel de Béville, et, à onze heures, nous sommes montés à cheval pour aller à la rencontre du Sultan. Les troupes étaient magnifiques. Le Sultan a ouvert de grands yeux et a été d'une loquacité désespérante. J'ai dû me tenir constamment autour de lui, le chapeau à la main et la bouche en cœur, ce qui m'a fait avaler des tourbillons de poussière. J'ai été assez heureux pour ne pas attraper un coup de soleil. Ce pauvre M. Benedetti a eu un côté de la figure tout brûlé. Le Sultan a accablé de compliments tous les généraux et il n'a fait que saluer, contre son habitude. »

Tous les préparatifs de la réception étaient achevés, lorsque, quelques jours après, arriva une dépêche annonçant que le voyage de l'Empereur était contremandé. Le colonel de Béville alla en porter la nouvelle au Sultan.

Les revues et les audiences du Palais n'occupaient pas toutes les journées du premier drogman. C'est à ce moment que se fondait l'entreprise française du canal de Suez et ce n'était pas trop de toute son activité et de toute son influence pour aider à la réalisation de ce grand projet. « Nous avons ici, écrit-il en février 1855, depuis une semaine, M. Ferdinand de Lesseps, frère de M. Théodore, qui est venu pour la grande affaire du canal de Suez. Je me suis mis entièrement à sa disposition et j'ai donné tous les coups de collier qu'il a fallu pour mettre cette affaire en bon chemin. Samedi passé, je l'ai conduit chez le Sultan, et j'ai été extrêmement satisfait de l'audience que nous avons eue. »

Quelques jours après, Ferdinand de Lesseps revenait en Égypte, et sous son inspiration, le Vice-Roi accordait à M. Benedetti et à Charles Schefer le titre de fondateur du Canal des Deux-Mers.

Sur ces entrefaites, M. Thouvenal était nommé Ambassadeur à Constantinople.

M. Thouvenal a laissé un beau nom dans l'histoire de la diplomatie. Sa carrière fut très courte et très brillante. C'était un homme grand, mince, distingué. Il semblait froid et correct quand il était en réalité nerveux et chevaleresque. Le sentiment de la dignité de ses fonctions était, chez lui, porté au plus haut point et jamais il ne perdit l'occasion de faire sentir qu'on n'y touchait pas impunément. Ce fut même, parfois, un spectacle étrange que celui des discussions violentes qui se poursuivirent entre lui et Lord Stratford, au moment même où la France et l'Angleterre luttaient côte à côte sur les mêmes champs de bataille. Ch. Schefer lui dut beaucoup dans sa carrière et il est juste que la mémoire de l'un paie son tribut de reconnaissance à la mémoire de l'autre.

M. Thouvenel était homme de cabinet. Il aimait, comme on dit, à remuer du papier. Aussi ne ménageait-il pas les forces du drogman de l'Ambassade. Que de fois, à la fin d'un dîner officiel soit à l'Ambassade, soit chez les Ministres turcs, Ch. Schefer ne reçut-il pas, au dessert, de volumineux mémoires dont la traduction immédiate était indispensable !

Il se trouvait alors seul à Constantinople. Sa femme et ses deux enfants étaient revenus à Paris pour échapper aux épidémies qui dépeuplaient le Bosphore. « Il y a à Constantinople et dans les villages du Bosphore, écrivait-il, une épidémie qui enlève tous les enfants... M. C... a perdu, en un seul jour, les deux seuls qui lui restaient et M. V..., dans la même semaine, son premier enfant et les deux jumeaux qui lui étaient nés dans le courant de l'hiver passé. A Iéni-Keui, les enfants meurent en masse et presque subitement. »

Contre les ennuis de la solitude, les distractions officielles étaient d'une pauvre ressource. Et encore les lenteurs de la guerre assombrissaient-elles tous les esprits, aigrissaient-elles même les rapports entre les Ambassades. Le jour du 15 août 1855 « tout s'est passé sans encombre et il n'y a eu qu'un petit incident ridicule à Péra. Au *Te Deum*, l'Ambassadeur avait, à sa droite, le général Larchey et, à sa gauche, le premier député de la Nation, selon l'usage antique et solennel. Le Baron T. (ministre de Sardaigne), est venu à l'Église et il a fait aigrement des observations sur la place qui lui était assignée. Il a prétendu que le roi de Sardaigne n'était ni plus grand ni plus petit que l'Empereur. L'Ambassadeur l'a fait placer devant lui, mais quand on a quitté l'Église, le Sr T... n'a pas accompagné M. Thouvenel, et il a envoyé dire, par un de ses drogmans, qu'il n'assisterait pas au dîner L'Ambassadeur lui a écrit une lettre à cheval pour lui faire sentir l'inconvenance de son procédé. Le dîner a été ce que sont tous les dîners officiels. Après le dîner on est allé dans le parc dont tous les bosquets étaient illuminés. »

Par contre, une surprise attendait les convives : Lord Stratford fut d'une amabilité prodigieuse. Jamais on ne le vit si gracieux. Il porta ce toast à l'Impératrice : « Avec la permission de V. E. je demande à la société distinguée qui m'entoure, la permission de porter un toast qui trouvera de l'écho dans tous les cœurs : à la santé de S. M. l'Impératrice. »

Enfin, la nouvelle de la prise de Sébastopol fit renaître la concorde entre les alliés, en assurant la suprématie française.

Voici la lettre du 12 septembre par laquelle Ch. Schefer annonçait à sa femme l'événement, tel qu'on le connaissait à Constantinople. « Enfin, grâce à Dieu, nous sommes vainqueurs et nous pouvons dire que, seuls, nous avons fait tomber Sébastopol sous nos coups. L'attaque a commencé le 8, à midi. Il y a un an, jour pour jour, la flotte quittait Baltchik pour se diriger sur la Crimée. Nous avons enlevé Malakoff en dix minutes et la prise de ce point nous a donné la ville. Au grand Redan, les Anglais ont été repoussés deux fois et, à deux heures et demie, ils étaient rentrés dans leurs tranchées. Nos attaques de gauche, conduites par le général de Salles en personne, n'ont pas réussi. A deux reprises aussi, nos troupes n'ont pu franchir la première enceinte. La vigueur et le succès de nos attaques sur la droite, ont contraint les Russes à évacuer toute la partie Sud. Le 9 au matin, nous occupions toute la ville. Les Russes ont battu en retraite sur la partie Nord. On ne sait quels sont leurs mouvements; on prétend même qu'ils sont en marche sur Pérekop. Quoi qu'il en soit, nous nous fortifions sur notre droite pour repousser toute attaque qui pourrait être tentée. La flotte russe n'existe plus. Nos projectiles ont incendié deux frégates, et les Russes ont mis eux-mêmes le feu à leurs vaisseaux. Leurs bateaux à vapeur chauffent et se tiennent sous la protection du fort Constantin. Nous avons envoyé des bâtiments à Nicolaïef pour les prendre, dans le cas où ils voudraient s'échapper.

« Somme toute, grande victoire, mais aussi quelles pertes! Six mille hommes hors de combat et dix-sept généraux tués ou blessés. Le général de Pontevès, de la Garde, est mourant. Les généraux Rivet, Breton, Marolles, Saint-Paul sont tués. Trochu, Bourbaki, De Lamotte-Rouge, Brisson, Constant, sont plus ou moins grièvement blessés. Le général Bosquet a l'omoplate droite brisée par un éclat d'obus. Mellinet, de la Garde, a la figure fracassée par un éclat de bombe.

Le colonel C..., aide-de-camp du général en chef, est tué : on ne l'a annoncé au général Pélissier que le lendemain. Le colonel La Ville et ce pauvre Magnan n'en valent guère mieux. Le chef d'escadron et les capitaines d'État-major Lefebvre, La Hitte, de la Boissière, sont tués et quatre autres blessés. Les Anglais, de leur côté, ont perdu mille huit cents à deux mille hommes. Ils ont eu quatre généraux de brigade blessés, trois ou quatre colonels tués ou blessés.

« Les Russes ont mis le feu partout, dans leur retraite. Il y a déjà eu, dans la ville, plus de vingt-cinq explosions qui ont signalé les points où étaient les magasins de munitions. Deux forts ont aussi sauté. Il reste entre nos mains, d'immenses approvisionnements en canons et en projectiles. Tout ce matériel est sur les chantiers, le long de la mer.

« Je crains que ce pauvre B... ne soit au nombre des morts. Sa division a donné et a été abîmée par l'explosion des mines du bastion central. A Malakoff, les Russes avaient laissé soixante hommes de bonne volonté dans la poudrière. Ils y ont mis le feu, mais eux seuls ont sauté.

« J'ai été ce matin porter les dépêches officielles au Sultan. Jamais je n'ai vu un homme plus ravi. La joie était peinte sur son visage et il m'a remercié avec effusion. Les Turcs sont dans l'allégresse la plus vive. Partout, dans les mosquées, on récite des prières pour remercier Dieu du succès de nos armes. Ce soir, il y a, dans le Bosphore, une illumination générale. Aujourd'hui, tous les bâtiments sont restés pavoisés. Nous sommes ici salués et couverts d'honneurs. Jamais joie plus vive n'a éclaté à Constantinople. Samedi, nous descendons à Péra, pour assister au *Te Deum* qui sera chanté dans la chapelle Saint-Louis. L'Ambassadeur fait disposer le Palais pour y loger les généraux blessés qui seront transportés ici. J'ai offert mes meubles pour les chambres qui seront occupées par ces Messieurs ; il est si doux de pouvoir rendre service à de braves gens. »

Mais quelle que fut la joie du sultan en apprenant la prise de Sébastopol, il devait en éprouver une plus grande, à la nouvelle d'un succès dû à l'armée turque seule et qui lui conservait la plus importante de ses places fortes en Asie. Une lettre de Kars, arrivée le 11 octobre, annonçait que les Russes avaient tenté un dernier assaut et qu'ils avaient été repoussés.

M. Thouvenel chargea Ch. Schefer d'aller porter ses félicitations au Sultan et cette audience eut une suite inattendue.

« Je suis allé ce matin féliciter le Sultan de la part de l'Ambassadeur. Aux premiers mots que j'en ai dit au premier chambellan, j'ai vu que j'avais affaire à des gens qui ne connaissaient pas un mot des nouvelles reçues. Il s'est précipité chez le Sultan qui m'a fait appeler incontinent. Il ignorait tout et l'on ne saurait s'imaginer sa joie et son enthousiasme. Jamais je n'ai vu d'homme plus heureux. Un peu plus, il se serait jeté dans mes bras. Il m'a demandé si l'on m'avait remis un manuscrit grec qui se trouve dans son Trésor. Je lui ai répondu négativement. Il s'est précipité hors de sa chambre et a appelé son premier chambellan pour lui donner, lui-même, l'ordre de me faire remettre, quand je le désirerais, tous les livres de son Trésor et de sa Bibliothèque que je demanderais. En même temps, il m'a confié qu'il avait, dans sa bibliothèque, une masse de livres très anciens et il a donné l'ordre de m'y conduire sur-le-champ et de me laisser emporter ce que je voudrais, pour tout le temps que je jugerais convenable.

On m'a conduit dans une chambre et là, à ma grande stupéfaction, j'ai trouvé trois énormes caisses de livres grecs et latins, manuscrits. J'en ai emporté quatre, que je vais examiner à loisir. »

Quelques jours après le Sultan lui envoie une trentaine de manuscrits grecs et latins que l'on apporte en grande pompe au Palais de France. Ch. Schefer s'était laissé aller aux plus belles espérances; il comptait trouver des œuvres antiques qu'il aurait eu la gloire de mettre à jour.

Mais ce trésor, qu'il croyait absolument inconnu, avait été visité avant lui et de tous ces manuscrits, aucun n'était précieux. La déception fut grande, mais il n'eut pas le loisir de s'abandonner à des regrets inutiles. La prise de Sébastopol terminait la guerre de Crimée, mais il fallait liquider l'expédition.

La situation sanitaire était terrible. Le typhus, en Crimée, continuait ses ravages parmi les troupes. S'il avait fallu reprendre les hostilités, le général en chef n'aurait pas pu trouver cinquante mille hommes à mettre en ligne. Depuis un mois, les troupes n'avaient, pour toutes rations, que du lard rance et du biscuit pourri. Les ambulances étaient encombrées de trois fois plus de malades qu'elles n'en pouvaient contenir. Les soldats étaient couchés sur du foin en putréfaction. A Constantinople et dans les hôpitaux du Bosphore, il y avait plus de douze mille malades; en Crimée, près de quinze mille. La mortalité y était effrayante. La marine n'était pas plus épargnée que l'armée. On retenait, aux îles des Princes, quatre frégates perdues de typhus. Le *Sané* ne comptait plus qu'un équipage de 45 hommes. Tout le monde, à Constantinople, était persuadé que l'Empereur ignorait la situation exacte de l'armée. Il est permis de croire, cependant, qu'il l'apprit et que les lettres adressées par Charles Schefer au Prince Napoléon parvinrent jusqu'à lui.

Les services qu'il avait rendus à l'État pendant tant d'années, allaient enfin recevoir leur récompense. M. Thouvenel qui, mieux que personne, en connaissait la valeur, le présentait pour le poste de premier Secrétaire interprète de l'Empereur, qui était vacant et qui le ramenait à Paris.

Il allait y être nommé lorsqu'une nouvelle affreuse vint l'atteindre au milieu des préparatifs de son départ. Sa femme, qui l'attendait à Paris avec ses deux enfants, qui achevait de s'y installer comme pour y vivre de longs jours, sa femme mourait après une courte maladie dont personne n'avait soupçonné la gravité. Sa correspondance témoigne, à toutes ses pages, de la confiance parfaite, de la tendresse sans réserve qui les attachait l'un à l'autre.

Avec cette mort s'achevait sa jeunesse et ce roman du mariage qui répand sur l'existence entière un charme dont rien n'anéantit la trace.

Cette perte fut un deuil dont le souvenir ne s'effaça jamais. Tous ceux qui ont connu cette femme d'une intelligence supérieure, douée de talents artistiques qui lui auraient permis d'espérer les plus grands succès, tous ceux qui l'ont connue, ont conservé d'elle une image exquise de grâce et de finesse. Elle était l'âme de deux familles qu'elle unissait par sa douceur de caractère et sa vigueur d'esprit. Et sa disparition fut de grande et triste conséquence pour tous ceux qu'elle laissait derrière elle.

CHARTRES. — IMPRIMERIE DURAND, RUE FULBERT

31